El autobús mági...

JUEGA A LA PELOTA
Un libro sobre fuerzas

SCHOLASTIC INC.
New York Toronto London Auckland Sydney

Basado en un episodio de la serie de dibujos animados,
producida para la televisión por Scholastic Productions, Inc.
Inspirado en los libros de *El autobús mágico*
escritos por Joanna Cole e ilustrados por Bruce Degen.

Adaptado de la serie de televisión por Nancy E. Krulik.
Ilustrado por Art Ruiz.
Guión para la televisión de John May, Brian Meehl, y Jocelyn Stevenson.

Originally published in English as *The Magic School Bus Plays Ball*.

ISBN 0-590-76128-5

12 11 10 9 8 7 6 5 4 3 2 1   8 9/9 0 1 2/0

Printed in the U.S.A.   24
First Scholastic printing, July 1998

La mayoría de las clases van al campo de juegos para jugar béisbol. Pero cuando tienes una maestra como la señorita Frizzle eso no sucede.

¡En nuestra clase, cuando jugamos béisbol, salimos de excursión al campo!

Todo comenzó durante el recreo cuando jugábamos béisbol. Le tocaba batear a Ralphie. Wanda lanzaba la pelota. Los demás estábamos en nuestros puestos en el campo de juego. Sólo faltaba una cosa.

—Oye, Wanda, ¿en dónde está el plato? —preguntó Ralphie.

—No hay —respondió Wanda—. Tendrás que imaginártelo.

¡Pero no podré deslizarme cuando conecte un jonrón!

Wanda inició su lanzamiento. Levantó la pierna, se flexionó hacia atrás y…

De pronto, Dorothy Ann entró corriendo al campo.

—¡Oigan, chicos! —gritó—. Miren esto. ¡Acabo de encontrar algo estupendo!

Ralphie puso mala cara.

—¡Dorothy Ann! —gruñó—. ¿Por qué justo ahora? Estoy a un paso de entrar en el libro de marcas.

—Pero tienen que ver esto. Les cambiará la vida —insistió Dorothy Ann. Sostenía un libro. Se llamaba *Jardín de física para niños*.

Todos estallamos de risa. ¿Cambiar nuestras vidas? ¡Lo dudábamos!

Primero esperaré a que salga la película, Dorothy Ann.

—Realmente me alegro por ti, Dorothy Ann —dijo Ralphie—. ¡Pero justo ahora, tengo que conectar un jonrón para ganar el juego!

—Es que no me entienden —dijo Dorothy Ann—. Este libro trata de lo que hace que las cosas se muevan y se detengan. ¡Las fuerzas! ¡La fricción! ¡La presión! ¡La tracción!

No trates de forzarnos a que te escuchemos.

No nos presiones.

¡Nada podía detener a Dorothy Ann cuando se empecinaba.

—Imaginen un gran trineo rojo quieto en la nieve —nos explicó—. No va a ninguna parte. Pero si alguien le da un empujón, se mueve. Eso es una fuerza.

—El trineo seguirá moviéndose hasta que algo lo detenga, por ejemplo, un poco de tierra —continuó—. Las cosas, al frotarse, producen una fuerza llamada fricción. Y el trineo se detiene porque la tierra lo empuja en dirección contraria. Esta fuerza que se opone al trineo es la fricción en acción. La fricción desacelera y detiene casi todos los movimientos en la Tierra.

Muy bien, ahora todos sabíamos qué era la fricción. Lo que no sabíamos era por qué Dorothy Ann pensaba que eso era tan importante.

Ralphie estaba harto de oír hablar de fricción. Recogió su bate y golpeó la tierra en donde debía estar el plato. Luego recordó el libro de Dorothy Ann. El libro sería un excelente plato, pensó Ralphie. Era plano, blanco, y del tamaño ideal.

—Oye, Dorothy Ann, ese libro parece muy bueno —dijo.

—Lo es, Ralphie —respondió contenta Dorothy Ann. Pensaba que Ralphie quería leer el libro—. Y mira esto. Justo aquí, en la página noventa y siete.

Ralphie miró la página. Se veía el dibujo de un campo de béisbol.

—Sería imposible jugar béisbol en ese campo —le dijo Dorothy Ann a Ralphie—. Allí no hay fricción.

Ralphie sonrió burlonamente. Ahora tenía un plato.

—¡A jugar béisbol! —gritó.

Pero antes de que pudiéramos regresar al campo, oímos un bocinazo familiar que venía del estacionamiento. ¡Era el autobús mágico!

—¡Todos a bordo! —gritó la señorita Frizzle desde el asiento del conductor.

Corrimos al autobús. En la carrera, Ralphie dejó caer el libro de Dorothy Ann.

—Hoy iremos a un partido de béisbol —nos anunció la señorita Frizzle.

Estábamos sorprendidos. Un partido de béisbol no era ni nuevo, ni diferente o emocionante, como la mayoría de nuestras excursiones.

—Señorita Frizzle, ¿podríamos ir a algún lugar verdaderamente fuera de lo común? —preguntó Dorothy Ann, volviéndose hacia Ralphie—. Como ese lugar que te mostré, Ralphie. ¿Te acuerdas?, en la página noventa y siete. Muéstrales.

Ralphie se asomó por la ventana cuando pasamos por el campo de béisbol. Dorothy Ann le siguió la mirada y se quedó boquiabierta. ¡Su libro estaba tirado en el suelo!

¿Excursión? Estoy de acuerdo, siempre y cuando no explotemos, no nos tuesten o nos devoren....

No te preocupes, Arnold. Eso no sucederá hasta la semana próxima.

—¡Ralphie! ¿Cómo pudiste? —dijo Dorothy Ann.

—No te preocupes, Dorothy Ann —le aseguró la señorita Frizzle—. ¡Iremos por tu libro y Ralphie también quedará contento! ¡Autobús! ¡Adelante! —gritó.

El autobús mágico salió a gran velocidad por el patio de juegos rumbo al libro de Dorothy Ann. El autobús dio varias vueltas. ¡El libro de Dorothy Ann se abrió con el aire y... fuimos directo hacia él!

Por la ventanilla vimos cómo pasaban las páginas.

—¡Señorita Frizzle! ¡Deténgase allí! —gritó Dorothy Ann emocionada—. En la página noventa y siete. ¡La página de la que hablaba! ¡Se trata de un mundo sin fricción!

—¡A mí me parece el Mundo del Béisbol! —dijo Ralphie.

El autobús aterrizó y se detuvo. Ralphie salió corriendo por la puerta.

—¡Vengan! —dijo.

—Cuidado, Ralphie —le advirtió Dorothy Ann—. ¡El suelo de ese campo no tiene fricción!

Como no había nada que lo empujara en sentido contrario, como la fricción de sus pies contra el suelo, Ralphie no podía detenerse. Rebotó en una pared, resbaló por el campo y se estrelló contra otra pared.

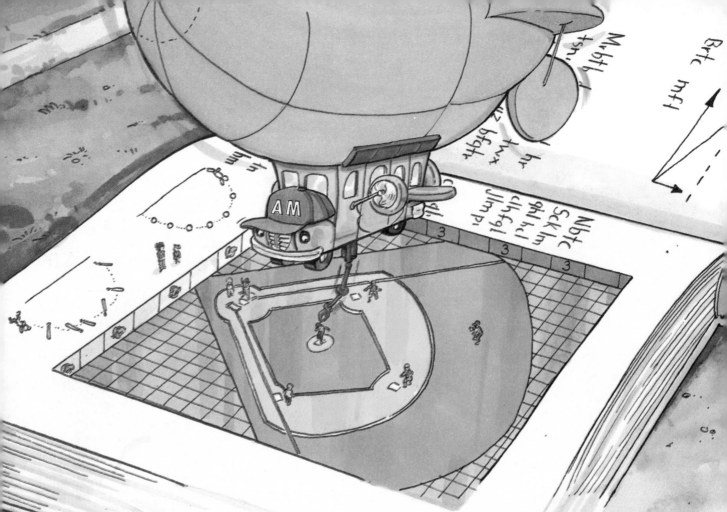

Todos bajamos al campo de béisbol. Resbalamos y patinamos por todo el campo. Era como patinar sobre hielo, sólo que sin patines.

La señorita Frizzle hizo sonar su silbato. Era hora de que empezara el juego. Pero sin fricción que nos ayudara a detenernos, no podíamos ir a nuestros puestos. ¿Qué íbamos a hacer?

Justo en ese momento, el autobús voló por encima de nosotros. Se había convertido en un dirigible. Liz estaba en el asiento del conductor. Presionó un botón y una grúa gigante salió de la parte inferior. La grúa nos levantó como si fuéramos bolos y nos colocó en nuestros puestos en el campo.

—¡A jugar béisbol! —gritó la señorita Frizzle.

—Bienvenidos al Clásico de Béisbol sin Fricción de la señorita Frizzle —anunció nuestra maestra por el micrófono—. ¡En el terreno no hay fricción, repetimos, no hay fricción!

—Bien, amigos, créanlo o no, estamos transmitiendo desde el interior de mi libro —añadió Dorothy Ann—. ¡Nuestro campo de juego es más resbaloso que el hielo!

Wanda se preparó para su primer lanzamiento. Levantó la pierna, echó el brazo hacia atrás, y le lanzó la pelota a Ralphie. La pelota salió disparada en dirección de Ralphie. ¡Pero Wanda resbaló hacia atrás, hacia la segunda base!

—¡Miren eso, amigos! —comentó Dorothy Ann—. ¡La fuerza que usó Wanda realmente puso en movimiento la pelota y la empujó a ella hacia atrás en dirección a la segunda base!

Ralphie no perdía de vista la pelota. Intentó pegarle cuando pasaba por el plato. ¡Crac! Ralphie lanzó un batazo hasta la línea de tercera base. Carlos trató de recoger la pelota, pero como no había fricción alguna para desacelerarla, la pelota pasó a su lado a toda velocidad y no pudo atraparla.

Esperamos a que Ralphie corriera a la primera base. Pero no lo hizo. La fuerza del bate lo hizo girar como un trompo. Ralphie llegó girando a la primera base. Y siguió girando alrededor de todas las otras.

¡Justo cuando estaba a punto de llegar al plato, Ralphie chocó con Dorothy Ann! Se tomaron de los brazos y giraron por el campo de juego.

—Señorita Frizzle —sugirió Dorothy Ann—, creo que debemos suspender este juego por falta de fricción.

La señorita Frizzle estuvo de acuerdo.

—¡Se suspende el juego! —gritó.

Era hora de subir al autobús y regresar al mundo con fricción.

Liz sacó un alfiler del autobús y pinchó el dirigible como si fuera un globo. El autobús salió zumbando y finalmente aterrizó sin peligro justo fuera del campo de béisbol sin fricción.

Ahora, todo lo que teníamos que hacer era subir al autobús. Pero, ¿cómo llegaríamos al autobús si no había fricción para ayudarnos a caminar?

De pronto, el adorno de la cubierta del autobús salió disparado arrastrando una cuerda y se clavó en una pared al otro lado del campo.

—Agárrense, niños —nos ordenó la señorita Frizzle. Todos nos agarramos a la cuerda—. El empujón es una fuerza que puede hacernos mover —dijo la señorita Frizzle—. ¿Cuál es la contraria?

Wanda apretó con firmeza la cuerda.

—La tracción —dijo entre dientes.

—¡Excelente! —dijo la señorita Frizzle, sonriendo.

Y salimos del campo sin fricción tirando de la cuerda.

¡Algo me decía que debía quedarme en casa hoy!

No teníamos idea de que la fricción fuera tan importante. Todos le debíamos una disculpa a Dorothy Ann por habernos reído de ella.

—¡Caramba! —exclamó Wanda—. Tenías razón, Dorothy Ann.

—¿Me prestas tu libro cuando Ralphie lo termine? —preguntó Tim.

—¿A mí también? —dijo Arnold.

—¿Luego a mí? —terció Carlos.

—Un momento —interrumpió Ralphie—. ¡Nadie podrá leer el libro, hasta que salgamos de él!

En mi antigua escuela poníamos flores entre las hojas de los libros.

Subimos todos al autobús, nos sentamos y nos abrochamos los cinturones de seguridad. Como empezó a hacer un poco de viento afuera, cerramos bien las ventanas.

—¡A casa! —dijo la señorita Frizzle. Puso la llave en el contacto. ¡Pero antes de que el autobús pudiera moverse, escuchamos un fuerte y aterrador BUM!

El viento había levantado del suelo la cubierta del libro de Dorothy Ann. ¡La cubierta y unas 50 páginas habían caído sobre el autobús!

¡Teníamos que salir de allí... y lo más pronto posible!

—¿Alguna sugerencia, niños? —nos preguntó la señorita Frizzle.

—Píselo a fondo, señorita Frizzle —propuso Wanda.

La señorita Frizzle pisó a fondo el acelerador. El motor rugió. Las ruedas giraron. Pero el autobús no se movió.

—¡Oh, no! —exclamó Dorothy Ann—. La cubierta del libro nos está empujando hacia abajo con tanta fuerza y creando tanta fricción que las ruedas no pueden avanzar!

—¡No lo puedo creer! —dijo Ralphie—. Estamos atascados en el libro de Dorothy Ann.

—¿Qué nos pasará si no podemos salir? —preguntó Phoebe, nerviosa.

La señorita Frizzle sólo sonrió: —Como siempre digo, si se sienten atados de pies y manos, deben mirar por todos lados.

Abrió la puerta del autobús y saltó afuera: —Niños, por aquí.

En realidad no queríamos salir del autobús. Pero tampoco queríamos quedarnos atrapados en el libro sin nuestra maestra. Así que seguimos a la señorita Frizzle hasta la página noventa y siete del libro de Dorothy Ann.

Keesha intentó reunir todos los datos.

—¿Dónde estamos? —preguntó.

—En algún lugar entre las páginas noventa y seis y noventa y siete —bromeó Carlos.

Keesha frunció el ceño ¡No era eso lo que quiso decir!

—¡Carlos! —lo regañó Keesha.

—Oye, sólo trataba de aligerar las cosas un poco —se disculpó Carlos.

Tim sonrió. ¡Carlos le acababa de dar una gran idea!

—¡Aligerar las cosas! —exclamó Tim—. ¡Eso es! Subiremos al techo y empujaremos el libro hacia arriba.

Keesha lo miró.

—Estás diciendo que deberíamos levantar el libro, entrar en el autobús y partir...

Tim asintió con la cabeza.

—¿Cómo? —le preguntó Arnold.

—Buena pregunta, Arnold —comentó la señorita Frizzle—. ¿Alguien tiene la respuesta?

Dorothy Ann tuvo otra idea.

—Miren, las letras se pueden desprender de la página —dijo mientras arrancaba una *t* minúscula—. ¡Tengo un plan! Nos dividiremos en dos equipos, el equipo de Ralphie sube al techo del autobús y empuja el libro. Al mismo tiempo, mi equipo amontona las letras cerca del lomo del libro. Eso lo mantendrá abierto el tiempo suficiente para que regresemos al autobús y nos marchemos.

—Excelente plan —le dijo Ralphie a Dorothy Ann—. ¿Pero, por qué no empuja tu equipo el libro mientras el mío amontona las letras? ¿Está bien?

—¡No, no está bien! —respondió Dorothy Ann furiosa.

—¡Sí está bien! —insistió Ralphie.

—¡No! —dijo Dorothy Ann.

Arnold se acercó y preguntó:

—Dorothy Ann, dime otra vez: ¿qué es lo que hace que todo se detenga?

Dorothy Ann parecía sorprendida. ¿Por qué Arnold le preguntaba esto ahora?

—La fricción —respondió.

Arnold se volvió hacia Ralphie.

—Si hay mucha fricción, no puedes llegar a ninguna parte, ¿verdad, Ralphie?

Ralphie asintió.

—Bueno, creo que hay demasiada fricción entre ustedes dos —dijo Arnold—. Así es que si queremos salir de este libro...

—Vamos a tener que terminar con la fricción entre nosotros —dijeron juntos Dorothy Ann y Ralphie y se dieron la mano.

Tardamos un poco, pero finalmente juntamos suficientes letras en el lomo del libro para mantener la cubierta abierta. La señorita Frizzle nos llevó de nuevo al autobús, y salimos como bólidos del libro de Dorothy Ann.

Tan pronto como el autobús se detuvo en el campo de béisbol de la escuela, Ralphie se dirigió corriendo a la puerta.

—Espera un minuto, Ralphie —le advirtió Dorothy Ann—. ¿Recuerdas lo que pasó la última vez que saltaste así del autobús?

Ralphie asintió con la cabeza. Dorothy Ann se le adelantó y bajó lentamente. Dio un paso hacia adelante y otro hacia atrás en la arena.

—¡No temas, corazón! ¡Aquí hay fricción! —le aseguró a Ralphie.

Estábamos ansiosos por jugar un partido de béisbol lleno de fricción. Dorothy Ann fue la primera al bate. Wanda lanzó la pelota, Dorothy Ann la golpeó con el bate y... craaac. Dorothy Ann ejerció mucha fuerza sobre esa pelota.

Carlos estaba en el jardín izquierdo. ¿Sería capaz de aplicar su fuerza y detener la bola? Carlos mantuvo su guante en alto, pero la pelota pasó por encima de su cabeza y finalmente cayó al suelo y rodó. Por suerte para Carlos, la fricción provocada por el pasto, que empujaba en contra, le restó velocidad y la pelota se detuvo.

Carlos levantó la pelota y la lanzó a través del campo. Dorothy Ann se tiró sobre el plato. ¿Pero dónde estaba?

Tardamos un rato, pero finalmente lo encontramos. ¡Ralphie lo estaba leyendo!

—Dorothy Ann tenía razón —dijo—. ¡Este libro es estupendo!

¡Como siempre digo, nunca hay que juzgar un libro por su cubierta!

Cartas a la editora

Querida editora,
Realmente me gustaría encontrar un ejemplar del libro de texto de Dorothy Ann, pero fui a mi biblioteca y no hay nada parecido en la sección de no fricción. ¿Significa eso que aquí en la Tierra sólo hay fricción?
Con fuerza,
Un fanático de la señorita Frizzle

Querido fanático,
Tienes razón. En la Tierra sólo hay fricción. Pero hay maneras de esquivarla. Lo haces cada vez que bajas por un tobogán o andas en patines o cuando esquías. Estamos rodeados de fricción. Pero a veces hay menos.
—La editora

Querida editora,
Voy a la antigua escuela de Phoebe. Nunca vamos a excursiones como las de la señorita Frizzle. No quisiera presionar a nadie, pero ¿hasta dónde debo empujar las cosas para experimentar las fuerzas?
Atentamente,
El amigo de Phoebe

Querido amigo,
Las fuerzas son sencillamente empujones y tirones. Existen casi en todas partes. ¡Así que basta con que las busques en tu casa, en la escuela, o por supuesto, en el campo de béisbol de tu vecindario!
—La editora

Notas de la Señorita Frizzle

Queridos niños, padres y maestros:

¡Hay que correr riesgos! ¡Hagan preguntas! ¡Hagan una excursión... a su propio patio! He aquí dos maneras de hacer experimentos con las fuerzas y el movimiento.

1. TIRA Y AFLOJA CON UNA CUERDA

Las fuerzas son empujones y tirones. Todos los empujones y tirones ofrecen resistencia, como la fuerza con la que empujamos y con la que tiran de nosotros. Cuando dos equipos bien equilibrados juegan al tira y afloja con una cuerda y ninguno gana, es porque las fuerzas son iguales y se anulan mutuamente. ¡Pero si se añade una persona a uno de los equipos, el tirón será mayor en esa dirección!

2. KICKBOL

Si tienen una pelota, pueden hacer experimentos con la fricción. Sabemos que hay fricción cuando se empuja contra algo que se está moviendo. Pero cada superficie tiene una cantidad de fricción diferente. ¿En qué superficie hay más fricción, en la arena, el pasto, el cemento o la madera pulida? Para descubrirlo, hagan rodar una pelota sobre cada una de esas superficies. Descubrirán que cuanto más resbalosa sea la superficie, menor será la fricción.

Srta. Frizzle